LE
CENTENAIRE DE 1792

AU TEMPLE ISRAÉLITE DE BORDEAUX

—◦—

DISCOURS

PRONONCÉ PAR

Isaac LÉVY

Grand Rabbin

Le premier jour de Rosch-Haschana, 22 Septembre 1892

Publié par les soins du Consistoire Israélite de Bordeaux

BORDEAUX

IMPRIMERIE GÉNÉRALE É. CRUGY, VEUVE RIFFAUD, SUCCᵣ

16, rue et hôtel Saint-Siméon, 16.

1892

LE
CENTENAIRE DE 1792

AU TEMPLE ISRAÉLITE DE BORDEAUX

— ◉ —

DISCOURS

PRONONCÉ PAR

Isaac LÉVY

Grand Rabbin

Le premier jour de Rosch-Haschana, 22 Septembre 1892

Publié par les soins du Consistoire Israélite de Bordeaux

—❖—

BORDEAUX

IMPRIMERIE GÉNÉRALE É. CRUGY, VEUVE RIFFAUD, SUCC^r

16, rue et hôtel Saint-Siméon, 16.

1892

LE

CENTENAIRE DE 1792

AU TEMPLE ISRAÉLITE DE BORDEAUX

Mes Frères,

Ce n'est pas aux idées que la solennité de Rosch-Haschana éveille d'ordinaire en nous que j'emprunterai le sujet de cet entretien. La France célèbre aujourd'hui une fête nationale, et il est de notre devoir de nous y associer non seulement en prenant part aux réjouissances publiques, mais en remerciant Dieu d'avoir, il y a un siècle, sauvé la patrie de l'invasion étrangère et d'avoir fait triompher à la même époque les grands principes de liberté, de justice, de fraternité dont l'avènement de la République devait amener l'application.

Les Israélites exilés à Babylone reçurent un jour de Jérémie un message dans lequel se trouvaient les paroles suivantes que le prophète leur adressait au nom du Seigneur :

ודרשו את שלום העיר אשר הגלתי אתכם שמה והתפללו בעדה
אל יהוה כי בשלומה יהיה לכם שלום.

Recherchez la paix de la ville dans laquelle je vous ai fait transporter, et priez l'Éternel pour elle, car dans sa paix, vous aurez la paix. (Jérém., ch. 29, v. 7.)

Si Jérémie a pu parler ainsi à des captifs, s'il a recommandé à de malheureux exilés, réduits à un dur esclavage, de prier pour le bonheur de leurs maîtres, de leurs oppresseurs, que ne nous dirait-il pas, s'il revenait aujourd'hui parmi nous, que ne nous dirait-il pas à nous les fils heureux d'une des nations les plus nobles, les plus généreuses?

Ce n'est pas à notre intérêt qu'il ferait appel pour nous pousser à implorer la miséricorde divine en faveur du pays qui nous a adoptés. Il ne nous dirait pas : Priez pour votre patrie, car de son salut dépend le vôtre. Mais il déroulerait devant nous les nombreux titres que la France s'est acquis à notre éternelle reconnaissance, et c'est en nous rappelant ce qu'elle a été pour nos pères, ce qu'elle est pour nous, qu'il nous engagerait à faire monter pour elle vers le suprême Maître de toutes choses, au moment où s'ouvre une nouvelle année, les vœux les plus sincères et les plus ardents.

Il ramènerait notre pensée vers le passé, vers cette sombre époque où les Israélites étaient persécutés et torturés à cause de leur inébranlable attachement aux croyances de leurs ancêtres. Il reporterait notre esprit vers ces temps plus fortunés sans doute, mais encore bien tristes, où l'existence de nos pères était respectée, mais où leur dignité était méconnue, où ils vivaient à l'écart, isolés et méprisés, où ils étaient exclus non seulement des honneurs, mais aussi des occupations qui relèvent l'homme à ses propres yeux, où on les forçait à laisser se perdre les précieuses facultés qu'ils brûlaient de mettre au service du pays.

Il nous montrerait la France se levant tout à coup

pour réparer l'iniquité des siècles écoulés, la France secouant comme une vile poussière tous les anciens préjugés, appelant à elle les proscrits, les parias, et les mettant au nombre de ses enfants. Et il nous dirait : Voyez ce qu'étaient ceux qui vous ont devancés dans la vie et ce que vous êtes, et rendez grâce à Dieu et au pays auquel vous avez le bonheur d'appartenir.

Sans doute, en nous émancipant, ce n'est pas une faveur qu'on nous a accordée ; on a seulement reconnu le droit qui était violé en nous depuis des siècles ; on n'a fait que suivre les inspirations de la justice, à la voix de laquelle on était resté sourd trop longtemps. Mais en affirmant avec une juste fierté le droit que possède tout homme d'adorer Dieu selon sa conscience et d'exercer librement son culte, nous n'amoindrissons nullement le mérite de ceux qui, les premiers, reconnurent ce droit et se laissèrent guider à notre égard par les règles de l'équité. N'était-ce donc rien, mes Frères, que de rompre avec des préventions qui étaient universellement répandues ? N'était-ce rien que de faire cesser une oppression que tout le monde s'accordait à trouver légitime ?

Ah ! si ceux qui, il y a un peu plus d'un quart de siècle, combattaient au delà de l'Océan pour conserver cette infâme institution qui s'appelle l'esclavage, si ces hommes, dont l'énergie et le courage eussent été dignes d'une meilleure cause, avaient ouvert tout à coup les yeux à la lumière ; si, éclairés par ce rayon d'en haut que nous nommons la raison, ils avaient avoué que nous sommes tous égaux devant Dieu, à quelque race que nous appartenions, et que nul homme n'a le droit d'asservir son semblable ; si, conformant leurs actes à ces principes nouveaux pour eux, ils avaient mis fin volontairement, et sans y être contraints par les armes victorieuses de leurs adversaires à une lutte fratricide qui avait déjà semé trop de larmes et de deuils, s'ils avaient rendu la liberté à ces esclaves, qui, après tout, étaient leurs frères, nous serions-nous contentés de dire froidement qu'ils étaient justes, n'aurions-nous pas loué leur désintéressement et admiré leur générosité?

Eh bien! mes Frères, au moment où se produisit ce magnifique mouvement qui s'appelle la Révolution française, nos aïeux se trouvaient dans une situation sinon tout à fait, du moins presque analogue à celle des malheureux qui gémissaient sous le joug inhumain des planteurs américains. Comme ces derniers, ils étaient repoussés de la société; comme eux, ils étaient incapables de posséder des terres; comme à eux, l'accès aux fonctions publiques leur était interdit; comme eux, on les enfermait dans le cercle étroit d'une seule occupation, et on déclarait ensuite que pour toute autre, ils manquaient d'aptitude.

C'est dans notre pays que cessa tout d'abord ce triste état de choses, et le magnanime exemple donné par la France agit ensuite sur d'autres contrées et apporta la délivrance aux Israélites qui les habitaient.

La reconnaissance nous fait donc une obligation de célébrer les anniversaires qui rappellent à notre patrie des souvenirs glorieux. Le soin de notre réputation nous impose le même devoir.

Combien de fois n'a-t-on pas répété, en ces derniers temps surtout, que les Israélites ne s'attachent pas aux pays dans lesquels ils vivent, que le patriotisme nous est inconnu! Ah! si ceux qui nous lancent

à la face cette injuste accusation se donnaient la peine
d'interroger le passé et de regarder ce qui se passe
autour d'eux, et s'ils ne fermaient pas volontairement
les yeux à la lumière, ils tiendraient certainement un
autre langage. Ils apprendraient qu'avant d'être éman-
cipés, les Juifs montrèrent qu'ils étaient dignes de
l'être et qu'ils donnèrent des preuves nombreuses et
éclatantes de leur amour pour les pays où ils n'é-
taient pourtant que tolérés, où on ne les regardait
pas comme citoyens. Ils sauraient qu'en 1369, les
Juifs de Burgos combattirent héroïquement pour le
roi, que son frère voulait détrôner, et qu'ils mou-
rurent en foule pour le souverain auquel ils avaient
juré fidélité; qu'en 1559, les Israélites de Bordeaux
firent distribuer gratuitement aux pauvres, qu'une
horrible famine avait réduits à la plus affreuse déso-
lation, un approvisionnement considérable de blé;
qu'en 1698, les Juifs de Metz ramenèrent l'abondance
dans le pays messin, qui souffrait de la disette; qu'en
1770, ce fut un Juif qui sauva de la détresse l'Alsace,
où le manque de nourriture se faisait cruellement
sentir. L'histoire leur rappellerait que si Guillaume
d'Orange put entreprendre l'expédition qu'il projetait
contre Jacques II, ce fut grâce au prêt de deux mil-
lions que lui fit un de ses sujets juifs en lui adressant
ces paroles, qui dénotent certainement un grand
cœur : « Si vous êtes heureux, vous me rendrez ce
que je vous apporte; si vous échouez, je consens à le
perdre ». Elle leur apprendrait, enfin, que dans la
guerre d'indépendance qui fonda la République des
États-Unis, un Israélite paya à plusieurs membres du
Congrès leurs dépenses, ce que rapporte un historien

américain avec cette remarque digne d'attention : qu'il ne sait pas comment le Congrès aurait pu se réunir et siéger sans l'argent et le crédit de cet Israélite aux sentiments larges et libéraux (1).

Et quand, détournant nos regards du passé, nous les reportons sur l'époque actuelle, trouverons-nous les Israélites français (car c'est d'eux que je m'occupe surtout en cet instant) moins attachés à la patrie ? Est-ce que dans cette sombre année dont nous n'évoquons le souvenir que la tristesse au cœur et les larmes aux yeux, nous ne ressentions pas les mêmes angoisses que nos concitoyens ? Les Israélites ne se rangèrent-ils pas sous le drapeau avec le même empressement que leurs compatriotes, ne s'efforcèrent-ils pas, eux aussi, de faire de leurs poitrines un rempart contre les hordes étrangères qui venaient fouler le sol sacré de la France, et leur sang ne rougit-il pas les champs de bataille sur lesquels se décidaient les destinées de notre pays ? Et quand ce magnifique élan vint se briser contre le nombre, quand ces nobles efforts échouèrent, notre douleur fut-elle moins grande que celle des autres enfants de notre pauvre France vaincue et mutilée, nos larmes coulèrent-elles moins abondantes et moins amères ?

Et dans les chères et malheureuses provinces que la force victorieuse nous arracha, les Israélites se résignèrent-ils plus aisément que les autres habitants, acceptèrent-ils plus docilement le joug, consentirent-ils plus facilement à faire endosser à leurs fils la livrée

(1) Voyez ma *Défense du judaïsme,* un vol. in-8º, Paris, 1865, et *Grégoire,* Essai sur la régénération physique, morale et politique des Juifs. Metz, 1789.

de la servitude, leurs protestations furent-elles moins vives, moins ardentes ? N'y en eut-il pas beaucoup parmi eux qui, au lendemain même de nos désastres, dirent adieu à jamais aux toits hospitaliers sous lesquels ils avaient vécu, aux lieux aimés où s'était écoulée paisiblement leur existence, où reposent les restes vénérés de leurs parents et où ils n'auraient pu continuer à vivre qu'en reniant le beau titre de Français, auquel ils tenaient par toutes les fibres de leur être ?

Ah ! vous ne nous connaissez pas, vous qui affirmez avec tant d'assurance que nous n'éprouvons pas pour notre pays les sentiments auxquels il a droit de notre part ; vous ne nous avez étudiés ni dans le passé ni dans le présent avant de prononcer votre arrêt sur nous. Eh bien ! cet arrêt, nous ne l'acceptons pas, nous ne saurions l'accepter ; nous protestons contre lui de toute la force de notre conscience, car il est injuste, car il est le résultat de l'erreur et de la malveillance coalisées contre nous. Oui, mes Frères, erreur et malveillance, voilà le fond des jugements que portent journellement sur nous des écrivains qui oublient que si Dieu nous donne des talents, c'est pour unir et non pour diviser, pour inspirer l'amour et non la haine, pour rendre hommage à la vérité et non pour la battre en brèche.

Mais nos paroles et nos écrits n'exerceront aucune influence sur nos détracteurs, je le sais, mes Frères. Ils ont, comme dit l'Écriture, des yeux et ne veulent pas voir, des oreilles et ne veulent pas entendre. Aussi bien ce n'est pas eux que nous cherchons à convaincre, mais il importe d'agir sur ceux qui n'ont pas contre nous de parti pris, qui sont seulement égarés par les fausses appréciations dont nous sommes l'objet. Il faut leur prouver, et leur prouver par des actes qu'on les trompe, que nous valons mieux que la réputation qu'on essaie de nous faire. Montrons-leur que nous aimons ardemment la France, que ses joies sont nos joies, ses douleurs nos douleurs, ses espérances nos espérances. Montrons que les souvenirs glorieux évoqués par les fêtes nationales trouvent de l'écho dans notre âme, qu'ils nous émeuvent, qu'ils nous inspirent un juste orgueil.

Et quels souvenirs plus beaux pour une nation que ceux qui sont réveillés dans notre esprit par le Centenaire que nous fêtons aujourd'hui.

Ailleurs, on solennise des victoires par lesquelles d'autres pays ont été asservis ou mutilés; on célèbre le triomphe de la force. A Valmy, c'est le droit qui triompha, le droit que possède toute nation d'être maîtresse chez elle, de conserver son indépendance.

Ailleurs, c'est à la puissance du nombre qu'on rend hommage. Nous, nous glorifions le courage et l'enthousiasme qui sauvèrent l'intégrité et l'honneur de la France, nous glorifions l'âme de la patrie qui tressaillait dans les jeunes héros de Valmy.

En fêtant l'établissement de la République en 1792, nous rendons aussi témoignage à la puissance de l'idée. La forme du gouvernement a changé plusieurs fois dans notre pays depuis l'époque qui est rappelée aujourd'hui à notre mémoire, mais les grands principes proclamés par la Révolution sont restés debout. Ils ont toujours inspiré les lois et ils ont conquis peu à peu l'univers entier. Ils règnent aujourd'hui dans les contrées même où l'on n'a pas encore adopté le régime que la France s'est donné, où l'on est hostile à tout ce qui vient de nous, et leur influence s'étend et s'affermit de jour en jour. Les peuples qui gémissaient autrefois sous le despotisme jouissent aujourd'hui de plus de liberté Dans les contrées où de choquantes inégalités étaient consacrées par la législation, l'égalité s'établit, et dans les milieux où les souffrances des humbles, des travailleurs n'éveillaient aucune sympathie, on s'occupe aujourd'hui des déshérités de la fortune, on songe à améliorer leur sort.

Nous pouvons donc être justement fiers de ce que les idées nées en France il y a un siècle rayonnent aujourd'hui sur tout le monde civilisé; nous pouvons être fiers aussi du génie déployé à la même époque par les chefs de notre armée et de la vaillance montrée par nos soldats. C'est à l'explosion de ce sentiment de fierté nationale que nous nous associons aujourd'hui, mes Frères, non pas pour nous procurer une satisfaction de vanité, nous avons peut-être été trop vaniteux autrefois, et nous avons été cruellement punis, mais pour puiser dans le souvenir d'un passé glorieux le désir ardent de continuer l'œuvre de nos devanciers et de travailler, nous aussi, à la prospérité, à la grandeur, à la gloire de la patrie! Amen!

Bordeaux. — Imp. gén. E. CRUGY, Mme Ve RIFFAUD, née Crugy, successeur, rue et hôtel Saint-Siméon, 16.

DU MÊME

La Tolérance, sermon prononcé à Verdun, in-8º.

Isaïe ou le Travail, 1 vol. in-12, 2ᵉ édition.

Les Veillées du vendredi, 1 vol. in-12, 2ᵉ édition.

Récits bibliques, 1 vol. in-18, 2ᵉ édition.

Défense du Judaïsme, 1 vol. in-8º.

Histoire sainte, 1 vol. in-18, 5ᵉ édition.

Éloge de M. Dreyfus, rabbin de Mulhouse, in-8º.

Adieu à l'Alsace, in-8º.

Alsatiana, Échos patriotiques de la chaire israélite, in-18.

Inauguration du Temple de Vesoul, in-8º.

       —   du Temple de Remiremont, in-8º.

       —   du Temple de Porentruy, in-8º.

       —   du Monument élevé aux victimes du siège de Belfort, in-8º.

Deux Sermons prononcés à La Chaux-de-Fonds (Suisse), in-8º.

La Providence, sermon, in-8º.

Sermon prononcé le soir de Kol Nidré, à Lunéville, in-8º.

Éloge funèbre de Louis Tréfousse, prononcé à Chaumont, in-8º.

Sermons, 1 vol. in-8º.

Les Récréations israélites, 1 vol. in-18.

Installation à Bordeaux, in-8º.

Éloge funèbre de Lazare Isidor, grand rabbin de France, in-8º.

Le Centenaire de 1789 au Temple israélite de Bordeaux, in-8º.

Nathan le Sage, Conférence, in-12.

Installation du Rabbin de Remiremont, in-8º.

En préparation :

Heures de recueillement, Prières pour les Sabbats et Fêtes de l'année et pour des circonstances diverses, 1 vol. in-18.